Für

Von

No. 29
Schöner lesen!

MIX
Papier aus verantwortungsvollen Quellen
FSC® C144853

ISBN 978-3-649-64251-0

Hafenweg 30, 48155 Münster, Germany
Illustrationen: © Coppenrath Verlag
Grafische Gestaltung: Daniela Lengers Grafik-Design, Laer
Redaktion: Anna Louisa Duckwitz und Charlotte Horvath


www.coppenrath.de

# LEISE RIESELT DER SCHNEE

Schöne Feiertage

Mit festlichen Gedanken, Gedichten und Gerichten

COPPENRATH

WIRKLICH

WEIHNACHTEN

IST DANN,

WENN DIE STILLE

DER HEILIGEN NACHT

AUCH IN UNSER HERZ

GEFUNDEN HAT.

HANS CHRISTIAN ANDERSEN

# SCHNEEFLOCKEN

Wende ich den Kopf nach oben:
Wie die weißen Flocken fliegen,
fühle ich mich selbst gehoben
und im Wirbeltanze wiegen.
Dicht und dichter das Gewimmel;
eine Flocke bin auch ich. –
Wie viel Flocken braucht der Himmel,
eh die Erde langsam sich
weiß umhüllt.

KLABUND

Winterwunderland: Geh beim ersten Schneefall raus in die Natur und mach einen Winterspaziergang, um dem Alltagsstress zu entkommen und die Adventszeit einzuläuten.

Willkommen,
*lieber Winter,*
willkommen hier zu Land!
Wie reich du bist, mit Perlen
spielst du, als wär es Sand!

ELISABETH KULMANN

# DER ERSTE SCHNEE

Herbstsonnenschein. Des Winters Näh
verrät ein Flockenpaar;
es gleicht das erste Flöcklein Schnee
dem ersten weißen Haar.

Noch wird – wie wohl von lieber Hand
der erste Schnee dem Haupt –
so auch der erste Schnee dem Land
vom Sonnenstrahl geraubt.

Doch habet acht! Mit einem Mal
ist Haupt und Erde weiß,
und Liebeshand und Sonnenstrahl
sich nicht zu helfen weiß.

THEODOR FONTANE

# Snowcaps

*Für 2 Bleche:*
*150 g dunkle Kuvertüre · 75 g Butter*
*90 g feiner Zucker · 1 Ei · 2 Eigelb*
*150 g Mehl · 2 EL Kakao*
*½ TL Backpulver · Salz · 1½ TL Zimt*
*100 g Puderzucker zum Wälzen*

Die Kuvertüre hacken und mit der Butter im Wasserbad schmelzen. In eine große Schüssel umfüllen und abkühlen lassen.

Zucker, Ei und Eigelbe unterrühren, dann Mehl, Kakao, Backpulver, eine Prise Salz und Zimt einarbeiten. Zugedeckt für 2 Std. kalt stellen.

Den Backofen auf 180 °C (Umluft 160 °C) vorheizen, Backbleche mit Backpapier auslegen. Den Puderzucker auf einen flachen Teller geben.

Aus dem Teig Kugeln von ca. 2 cm Durchmesser formen, gründlich in Puderzucker wälzen und mit mindestens 3 cm Abstand auf die Backbleche setzen.

Ca. 15 Min. backen, aus dem Ofen nehmen, leicht abkühlen lassen. Vorsichtig vom Backpapier lösen und auf ein Kuchengitter legen.

Ob Kipfel-Glück oder Zimtstern-Traum, backe deine Lieblingsplätzchen und mache es dir danach gemütlich.

# SCHNEEFLÖCKCHEN, WEISSRÖCKCHEN

Schneeflöckchen, Weißröckchen,
da kommst du geschneit,
du wohnst in den Wolken,
dein Weg ist so weit.

Komm, setz dich ans Fenster,
du lieblicher Stern;
malst Blumen und Blätter,
wir haben dich gern.

Schneeflöckchen, Weißröckchen,
komm zu uns ins Tal.
Dann baun wir den Schneemann
und werfen den Ball.

# KLING, GLÖCKCHEN

Kling, Glöckchen, klingelingeling,
kling, Glöckchen, kling!
Lasst mich ein ihr Kinder,
ist so kalt der Winter,
öffnet mir die Türen,
lasst mich nicht erfrieren.
Kling, Glöckchen, klingelingeling,
kling, Glöckchen, kling!

Kling, Glöckchen, klingelingeling,
kling, Glöckchen, kling!
Mädchen hört und Bübchen,
macht mir auf das Stübchen,
bring euch milde Gaben,
sollt euch dran erlaben.
Kling, Glöckchen, klingelingeling,
kling, Glöckchen, kling!

# DER BRATAPFEL

Kinder, kommt und ratet,
was im Ofen bratet!
Hört, wie's knallt und zischt!
Bald wird aufgetischt
der Zipfel, der Zapfel, der Kipfel, der Kapfel,
der gelbrote Apfel.

Kinder, lauft schneller,
holt einen Teller,
holt eine Gabel!
Sperrt auf den Schnabel
für den Zipfel, den Zapfel, den Kipfel, den Kapfel,
den goldbraunen Apfel!

Sie pusten und prusten,
sie gucken und schlucken,
sie schnalzen und schmecken
und lecken und schlecken
den Zipfel, den Zapfel, den Kipfel, den Kapfel,
den knusprigen Apfel.

VOLKSGUT

*Nun leuchten wieder*
*die Weihnachtskerzen*
*und zaubern Freude*
*in alle Herzen.*

GUSTAV FALKE

Der Winter ist kommen,
verstummt ist der Hain;
nun soll uns im Zimmer
ein Liedchen erfreun.
Das glitzert und flimmert
und leuchtet so weiß,
es spiegelt die Sonne
im blitzblanken Eis.
Wir gleiten darüber
auf blinkendem Stahl
und rodeln und jauchzen
vom Hügel ins Tal.
Und senkt sich der Abend,
geht's jubelnd nach Haus
ins trauliche Stübchen
zum Bratapfelschmaus.

VOLKSGUT

Lass des Weihnachtslichtes Schein
eine Kerze in dir sein!
Leuchte, deck das Dunkel zu,
sei ein
*Weihnachtsbote,*
du!

HERBERT EICHLER

Weihnachtspost: Verschicke Weihnachtskarten oder Briefe an alle, die du dieses Jahr nicht umarmen kannst, und zeige, dass du an sie denkst.

# Nussbraten

*150 g Nüsse · 100 g Pistazienkerne
100 g Möhren · 1 Zwiebel · 2 Knoblauch-
zehen · 200 g vorgegarte Maronen
2 Zweige Rosmarin · 2 Zweige Thymian
60 g Parmesan · 2 Scheiben Vollkorntoast
Abrieb von ½ Bio-Zitrone · 2 Eier
25 g Senf · 2 EL Sojasoße · 100 g
Apfelsinenkonfitüre · Salz · 2 EL Butter*

Für den Braten Nüsse und Pistazien sehr fein hacken. In einer Pfanne ohne Fett anrösten. Zum Abkühlen beiseitestellen. Die Möhren schälen und raspeln. Zwiebel und Knoblauch schälen und fein würfeln. Die Maronen fein hacken.

Die Kräuter abbrausen, trocken tupfen, die Blättchen und Nadeln abzupfen und fein hacken. Den Parmesan reiben. Den Vollkorntoast fein würfeln.

Den Backofen auf 180 °C vorheizen. Eine Kastenform mit Backpapier auslegen.

Alle Zutaten für den Braten außer der Butter in eine Schüssel geben und gut verkneten. In die Form füllen, leicht andrücken und mit Alufolie abdecken. Im vorgeheizten Ofen 30 Min. backen. Die Alufolie vom Braten entfernen, Butter in Flöckchen auf dem Braten verteilen und weitere 20 Min. backen. Zum Servieren den Braten aus der Form stürzen, in Scheiben schneiden und servieren.

Dazu schmeckt besonders gut Süßkartoffel-Maronenpüree oder Feldsalat.

(Nicht) Alle Jahre wieder: Probiere diese Weihnachtsspezialität aus und teile die Eindrücke mit deinen Liebsten.

# SCHENKEN

Schenke groß oder klein,
aber immer gediegen.
Wenn die Bedachten
die Gaben wiegen,
sei dein Gewissen rein.

Schenke herzlich und frei.
Schenke dabei,
was in dir wohnt
an Meinung, Geschmack und Humor,
sodass die eigene Freude zuvor
dich reichlich belohnt.

Schenke mit Geist ohne List.
Sei eingedenk,
dass dein Geschenk
du selber bist.

JOACHIM RINGELNATZ

EINE UMARMUNG
IST EIN IDEALES GESCHENK:
DIE GRÖSSE PASST JEDEM,
UND NIEMAND
HAT ETWAS DAGEGEN,
WENN MAN ES
WEITERGIBT.

HUGO BALL

# DER TRAUM

Ich lag und schlief; da träumte mir
ein wunderschöner Traum:
Es stand auf unserm Tisch vor mir
ein hoher Weihnachtsbaum.
Und bunte Lichter ohne Zahl,
die brannten ringsumher;
die Zweige waren allzumal
von goldnen Äpfeln schwer.
Und Zuckerpuppen hingen dran;
das war mal eine Pracht!
Da gab's, was ich nur wünschen kann
und was mir Freude macht.
Und als ich nach dem Baume sah
und ganz verwundert stand,
nach einem Apfel griff ich da,
und alles, alles schwand.
Da wacht ich auf aus meinem Traum,
und dunkel war's um mich.
Du lieber, schöner Weihnachtsbaum,
sag an, wo find ich dich?

HOFFMANN VON FALLERSLEBEN

# DAS WEIHNACHTSBÄUMLEIN

Es war einmal ein Tännelein
mit braunen Kuchenherzlein
und Glitzergold und Äpflein fein
und vielen bunten Kerzelein:
Das war am Weihnachtsfest so grün,
als fing es eben an zu blühn.

CHRISTIAN MORGENSTERN

So ist das Wesentliche einer Kerze
nicht das Wachs,
das seine Spuren hinterlässt,
sondern das

*Licht.*

ANTOINE DE SAINT-EXUPÉRY

Die Liebe soll
die Welt regieren und
Weihnacht zeigt,
dass sie's vermag.

LOUISE OTTO

*Freuden, die man anderen macht, strahlen auf uns zurück.*

ANNA RITTER

# KNECHT RUPRECHT

Von drauß' vom Walde komm ich her,
ich muss euch sagen, es weihnachtet sehr!
Allüberall auf den Tannenspitzen
sah ich goldene Lichtlein sitzen;
und droben aus dem Himmelstor
sah mit großen Augen das Christkind hervor.

Und wie ich so strolcht durch den finstern Tann,
da rief's mich mit heller Stimme an:
„Knecht Ruprecht", rief es, „alter Gesell,
hebe die Beine und spute dich schnell!
Die Kerzen fangen zu brennen an,
das Himmelstor ist aufgetan,
Alt und Junge sollen nun
von der Jagd des Lebens einmal ruhn;
und morgen flieg ich hinab zur Erden,
denn es soll wieder Weihnachten werden!"

Ich sprach: „O lieber Herre Christ,
meine Reise fast zu Ende ist;

ich soll nur noch in diese Stadt,
wo's eitel gute Kinder hat."

„Hast denn das Säcklein auch bei dir?"
Ich sprach: „Das Säcklein, das ist hier:
Denn Äpfel, Nuss und Mandelkern
essen fromme Kinder gern."

„Hast denn die Rute auch bei dir?"
Ich sprach: „Die Rute, die ist hier;
doch für die Kinder nur, die schlechten,
die trifft sie auf den Teil, den rechten."
Christkindlein sprach: „So ist es recht;
so geh mit Gott, mein treuer Knecht!"

Von drauß' vom Walde komm ich her;
ich muss euch sagen, es weihnachtet sehr!
Nun sprecht, wie ich's hierinnen find!
Sind's gute Kind, sind's böse Kind?

THEODOR STORM

WEIHNACHTEN!

DAS SIND DIE FESTTAGE,

DIE MIR IN

FREUNDLICHEM SCHIMMER

LANGE ENTGEGENLEUCHTEN.

E.T.A. HOFFMANN

Dämmerstille Nebelfelder,
schneedurchglänzte Einsamkeit
und ein wunderbarer weicher
*Weihnachtsfriede*
weit und breit.

WILHELM LOBSIEN

Schenke herzlich und frei,
schenke dabei, was in dir wohnt
an Meinung, Geschmack und Humor,
sodass die eigene Freude zuvor
dich reichlich belohnt.

JOACHIM RINGELNATZ

*Festglocken tönen
überall,
es flammen
tausend Kerzen.
Rings Freude nur
und Jubelschall
aus frohen
Kinderherzen.*

RUDOLF LÖWENSTEIN

Sterne hoch die Kreise schlingen,
aus des Schnees Einsamkeit
steigt's wie wunderbares Singen –
o du gnadenreiche Zeit.

JOSEPH VON EICHENDORFF

Mir klingt ein Lied in Ohren
uralter Zaubermacht:
Es ward das Licht geboren!
Es schwand die längste Nacht.

ERNST RAUSCHER

Schalte Weihnachtsmusik ein und tanze dazu. Welches ist dieses Jahr dein Lieblingsweihnachtslied?

FÜR GESELLIGE WINTERTAGE

# Glühwein

*8 Kardamomkapseln · 10 Nelken*
*10 Pimentkörner · 4 Kapseln Sternanis*
*1 Zimtstange · 1 TL Koriandersaat*
*1 TL Anissaat · 1 l trockener Rotwein*
*1 unbehandelte Orange · Zucker*

Die Kardamonkapseln aufdrücken, die Samen mit den anderen Gewürzen in einen Teebeutel geben und diesen zubinden. Den Rotwein mit 500 ml Wasser in einen Topf geben, den Teebeutel hineinhängen und das Ganze zugedeckt aufkochen. Die Orangen heiß abwaschen, in ca. 1/2 cm dicke Scheiben schneiden und zum Wein geben. Den Sud zugedeckt bei mittlerer Hitze 15 Min. ziehen lassen.

Dann den Teebeutel ausdrücken und entfernen. Zum Abschluss den Glühwein mit Zucker abschmecken.

O willkommen,
*Weihnachtsabend,*
allen Menschen, groß und klein!
Friedebringend, froh und labend
mögst du allen Herzen sein!

ADELHEID HUMPERDINCK-WETTE

Geschenktipp: Die trockenen Zutaten lassen sich wunderbar als Glühwein-Gewürz zum Selberanrühren verschenken!

Wie schön *geschmückt*
der festliche Raum!
Die Lichter funkeln am Weihnachtsbaum!
O fröhliche Zeit, o seliger Traum!

PETER CORNELIUS

Weihnachten!
Welch ein Zauber liegt in diesem Wort!
Mir ist es immer, als öffnete sich damit
der Blick in den Sternenhimmel
und die Freude funkelte herab,
auch in die Dunkelheit trüber Zeiten.

MONIKA HUNNIUS

# FICHTEN, LAMETTA, KUGELN UND LICHTER

Fichten, Lametta, Kugeln und Lichter,
Bratäpfelduft und frohe Gesichter,
Freude am Schenken –
das Herz wird so weit.
Ich wünsch allen:
eine fröhliche Weihnachtszeit.

VOLKSGUT

# LIEBER, GUTER WEIHNACHTSMANN

Lieber, guter Weihnachtsmann,
zieh die langen Stiefel an,
kämme deinen weißen Bart,
mach dich auf die Weihnachtsfahrt.
Komm doch auch in unser Haus,
packe die Geschenke aus.

VOLKSGUT

*Es ist nicht das Geschenk, sondern der Gedanke, der zählt.*

HENRY VAN DYKE

Tipp: Recyceltes Geschenkpapier aus alten Zeitschriften, Plakaten oder Zeitungen ist nicht nur nachhaltig, sondern auch für eine witzige Überraschung gut.

Mir ist das Herz so froh erschrocken,
das ist die liebe Weihnachtszeit!
Ich höre fernher Kirchenglocken
mich lieblich heimatlich verlocken
in märchenstille

*Herrlichkeit.*

THEODOR STORM

Markt und Straßen stehn verlassen,
still erleuchtet jedes Haus,
sinnend geh ich durch die Gassen,
alles sieht so festlich aus.

JOSEPH VON EICHENDORFF

In der
*Geborgenheit*
der Familie
Weihnachten zu feiern
ist in der heutigen Zeit
wohl das Schönste aller Geschenke.

MONIKA HUNNIUS

# DAS CHRISTBÄUMCHEN

Die Bäume stritten einmal miteinander, wer von ihnen der vornehmste wäre.
Da trat die Eiche vor und sagte: „Seht mich an! Ich bin hoch und dick und habe viele Äste, und meine Zweige sind reich an Blättern und Früchten."
„Früchte hast du wohl", sagte der Pfirsichbaum; „allein es sind nur Früchte für die Schweine; die Menschen mögen nichts davon wissen. Aber ich, ich liefere die rotbackigen Pfirsiche auf die Tafel des Königs".
„Das hilft nicht viel", sagte der Apfelbaum, „von deinen Pfirsichen werden nur wenige Leute satt. Auch dauern sie nur wenige Wochen; dann werden sie faul und niemand kann sie mehr brauchen. Da bin ich ein anderer Baum. Ich trage alle Jahre Körbe voll Äpfel, die brauchen sich nicht zu schämen, wenn sie auf eine vornehme Tafel gesetzt werden. Sie machen auch die Armen satt. Man kann sie den ganzen Winter im Keller aufbewahren oder im Ofen dörren oder

Most daraus keltern. Ich bin der nützlichste Baum!“

„Das bildest du dir nur ein“ sagte die Fichte, „aber du irrst dich. Mit meinem Holz baut man die Häuser und heizt man die Öfen. Mich schneidet man zu Brettern und macht Tische, Stühle, Schränke, ja sogar Schiffe daraus. Dazu bin ich im Winter nicht so kahl wie ihr: Ich bin das ganze Jahr hindurch schön grün. Auch habe ich noch einen Vorzug. Wenn es Weihnachten wird, dann kommt das Christkindchen, setzt mich in ein schönes Gärtchen und hängt goldene Nüsse und Äpfel an meine Zweige. Über mich freuen sich die Kinder am allermeisten. Ist das nicht wahr?“

Dem konnten die anderen Bäume nicht widersprechen.

WILHELM CURTMANN

*Glückliche,* glückliche Weihnacht,
die uns die Träume
unserer Kindertage zurückbringt,
die den alten Mann
an die Freuden seiner Jugend erinnert
und die den Reisenden wieder
an den eigenen Kamin und nach Hause führt.

CHARLES DICKENS

Nimm dir Zeit für dich und deine Liebsten: Schalte alle elektronischen Geräte aus und verbringe den Tag mit guten Gesprächen oder deinem Lieblingsbuch.

BEWAHRE DU
ZUERST FRIEDEN
IN DIR SELBST,
DANN KANNST DU
AUCH ANDEREN
FRIEDEN BRINGEN.

THOMAS VON KEMPEN

# Entenbrust in Orangenrotkohl

*Für den Rotkohl:*
*1 Kopf Rotkohl (etwa 700 g) · 2 Orangen*
*4 Schalotten · 3 EL Butter · 75 ml Rotwein*
*1 EL Apfelessig · 1 Lorbeerblatt · Salz*
*Pfeffer · 3 Nelken · 3 EL Honig*

*Für die Ente:*
*4 Entenbrüste · Salz · Pfeffer · 2 TL brauner Zucker · 45 ml Rotwein · 200 ml Entenfond*

Den Rotkohl putzen und fein hobeln. 1 Orange auspressen, die andere schälen und filetieren. 3 Schalotten schälen und würfeln. Die Hälfte der Schalottenwürfel in der Butter anschwitzen, den Rotkohl zufügen und 3 Min. dünsten.
Mit Wein, Essig und Orangensaft ablöschen.

Lorbeerblatt, Salz, Pfeffer und eine mit Nelken gespickte Schalotte zugeben. 20–30 Min. bei mittlerer Hitze garen. Honig und Orangenfilets unterrühren. Vom Herd nehmen. Backofen auf 200°C vorheizen.

Die Entenbrüste waschen und trocken tupfen. Die Haut rautenförmig einschneiden. Das Fleisch von beiden Seiten mit Salz und Pfeffer würzen. In einer heißen Pfanne ohne Fett mit der Hautseite nach unten bei mittlerer Hitze ca. 2 Min. braten. Wenden und weitere 2 Min. braten, danach in eine Auflaufform setzen, den Bratensatz in der Pfanne lassen. Die Entenbrüste 10–15 Min. im vorgeheizten Ofen fertig garen. Inzwischen die übrigen Schalottenwürfel mit dem Zucker in dem Bratensatz bei mittlerer Hitze karamellisieren lassen. Wein und Fond zugeben, reduzieren lassen und würzen. Das Fleisch aus dem Ofen nehmen, in Alufolie wickeln und 2–3 Min. ruhen lassen.
Lorbeerblatt und Schalotte aus dem Rotkohl nehmen und mit Entenbrustscheiben und Soße servieren.

## FROHE WEIHNACHTEN UND EIN GLÜCKLICHES NEUES JAHR!

Es gibt Leute, die dir sagen werden, dass Weihnachten auch nicht mehr das ist, was es einmal war. Höre nicht auf sie. Es gibt wenige, die alt geworden sind auf dieser Erde, die nicht an jedem beliebigen Tag im Jahr solche Gedanken wachrufen könnten. Aber suche dir doch für deine trostlosen Erinnerungen nicht eben den fröhlichsten der 365 Tage aus. Rücke lieber deinen Stuhl näher an das flackernde Feuer, fülle dein Glas, stimme ein Lied an und sei dankbar, dass alles nicht noch schlimmer ist.

Denke nach über den Segen, der dir reichlich zuteilwurde – und er ist bei keinem gering –, und nicht über vergangenes Missgeschick, das jedem widerfährt. Fülle dein Glas abermals mit fröhlichem Gesicht und zufriedenem Herzen. Dein Weihnachten soll ein fröhliches sein und dein neues Jahr ein glückliches!

CHARLES DICKENS

*Auch die Pause gehört zur Musik.*

STEFAN ZWEIG

Gönn dir zwischen dem ganzen Trubel einen Tag nur für dich! Mach es dir mit einer Tasse Tee und einem schönen Film gemütlich, um dich von den Feiertagen zu erholen, Vorsätze zu fassen und entspannt ins neue Jahr zu starten.

AUF DAS NEUE JAHR!

# Feuerzangenbowle

*2 Bio-Orangen · 1 Bio-Zitrone · 2 l Rotwein*
*3 Sternanis · 3 Nelken · 2 Wacholderbeeren*
*2 Stangen Zimt · 1 Zuckerhut · 350 ml Rum*

*Außerdem:*
*Feuerzange · Punschtopf · Rechaud*

Orangen und Zitrone waschen und in Scheiben schneiden. Mit dem Wein und den Gewürzen in einem großen Topf bei mittlerer Hitze erwärmen und ziehen lassen. Dabei darf die Weinmischung nicht kochen. Anschließend in einen Punschtopf umfüllen und auf ein Rechaud stellen.

Die Feuerzange mit Zuckerhut über den Topf legen. Den Zuckerhut mit Rum beträufeln und mit ausreichendem Abstand anzünden – Vorsicht, dabei kann eine Stichflamme entstehen!

Wenn der Rum fast verbrannt ist, den restlichen mit einer Kelle über den brennenden Zuckerhut laufen lassen. Nie mit der Rumflasche direkt an die offene Flamme gehen!

Die Feuerzangenbowle in Punschgläsern servieren.

Schließe die Augen und lass deine schönen und erfolgreichen Momente des Jahres nochmals Revue passieren. Was ist dein größter Wunsch fürs neue Jahr? Schreibe ihn auf, damit er in Erfüllung geht!

## ZU NEUJAHR

Will das Glück nach seinem Sinn
dir was Gutes schenken,
sage Dank und nimm es hin
ohne viel Bedenken.

Jede Gabe sei begrüßt,
doch vor allen Dingen:
Das, worum du dich bemühst,
möge dir gelingen.

WILHELM BUSCH